AF229786

APPEL A LA RAISON,

A L'ÉQUITE

ET A LA POLITIQUE

DES

HAUTES PUISSANCES ALLIÉES.

APPEL A LA RAISON,

A L'ÉQUITÉ

ET A LA POLITIQUE

DES

HAUTES PUISSANCES ALLIÉES.

> Le droit des gens est naturellement fondé sur le principe, que les Nations diverses doivent se faire dans la paix le plus de bien, et dans la guerre le moins de mal qu'il est possible, sans nuire à leurs véritables intérêts.
>
> *Esprit des lois.*

PARIS,

C.-F. PATRIS, IMPRIMEUR-LIBRAIRE,
RUE DE LA COLOMBE, Nº 4.

1815.

APPEL A LA RAISON,

A L'ÉQUITÉ ET A LA POLITIQUE

DÉS

HAUTES PUISSANCES ALLIÉES.

Quelle que soit la divergence des opinions en France, à quelque parti que ses habitants se vouent, un fait trop avéré et sur lequel chacun doit demeurer d'accord, c'est que la patrie est dans un état si déplorable, qu'on ne saurait l'envisager sans en être profondément affligé.

En effet, peut-on fixer les yeux, sans qu'ils se remplissent de larmes, sur cette famille auguste si injustement proscrite, si long-temps infortunée, et qu'on paraît n'avoir ramenée au sein de ses États que pour l'y persécuter encore? sur cette noblesse antique, naguère si brillante, si dévouée, qu'on a impitoyablement massacrée et si entièrement dépouillée, qu'elle est aujourd'hui sans ressources et même sans asile? sur cette monarchie jadis si puissante, si révérée, si influente, en ce moment envahie par l'étranger et à la merci de ses soldats? sur cette nation si courageuse, si loyale, qu'on accable de réquisitions et de contributions, et que des factions aussi criminelles que scandaleuses voudraient encore agiter? Enfin, est-il un seul citoyen vraiment ami de son pays, qui ne soit autant humilié qu'affecté de voir l'innocent confondu avec le coupable, et même frappé pour lui; la force publique anéantie, la justice muette et tremblante, les plus grands criminels, ceux qui ont plongé le royaume dans cette position effrayante, non seulement encore impunis, mais même exempts des taxes et des charges de la guerre qu'ils ont suscitée, en raison de leur absence et de la faculté qu'on leur a laissée de vendre leurs biens.

Tels sont cependant des faits trop notoires pour qu'on les révoque en doute, pour qu'on puisse en affaiblir l'impression, pour qu'ils ne soient pas si bien gravés dans le cœur des bons Français, que nul d'eux n'en perdra la mémoire.

D'après ce tableau, qu'on ne m'accusera pas d'avoir chargé, que faut-il dire, que faut-il faire pour rendre notre condition moins pénible et pour diminuer le poids énorme des charges exorbitantes qu'on fait peser sur nous? S'adresser aux hautes puissances; tâcher de les ramener, par la force du raisonnement et de la vérité, à des sentiments plus humains, plus généreux, plus dignes d'elles enfin; en leur représentant, avec autant de respect que de véhémence, que l'année dernière elles sont entrées victorieuses en France; que nonobstant que la nation fût alors leur ennemie, et que, d'après le droit de représailles, elles eussent bien certainement le droit de s'y conduire comme elles le font cette année, sans s'exposer au plus léger reproche, elles l'ont traitée néanmoins avec autant de magnanimité que de grandeur d'âme.

Quel est donc aujourd'hui le motif si puissant d'une conduite si opposée? par quelle fatalité vraiment inconcevable les souverains ont-ils changé si subitement de langage et de procédés? qui a pu les déterminer à agir si contradictoirement à la teneur des traités, des déclarations et des proclamations qu'ils méconnaissent? quels torts évidents peuvent-ils reprocher au Roi à leur égard? quels reproches plus fondés peuvent-ils faire à une nation qui ne leur a témoigné que confiance et gratitude, pour leur faire des conditions si humiliantes, si onéreuses, qui doivent leur paraître d'autant plus dures, qu'ils n'avaient pas dû s'y attendre? A coup sûr, ce n'est pas sur le droit des gens que les rois peuvent fonder leur récrimination, puisqu'elle est contraire à leurs vrais intérêts.

Résoudre des questions aussi sérieuses, discuter des intérêts d'une si haute importance, est une tâche sans doute au dessus de mes forces; néanmoins j'aurai le courage de l'entreprendre, par dévoûment pour mon souverain, par amour pour ma patrie, par considération même pour les rois; car j'ai lieu de penser que, plus occupés de leurs intérêts que de leur dignité, leurs ministres l'ont compromise, sûrement par irréflexion et par oubli des promesses solennelles jurées à la face du ciel et des hommes, d'après lesquelles Louis XVIII et ses fidèles sujets devaient espérer d'autant plus de ménagement de la munificence

des rois, qu'ils ne pouvaient pas se dissimuler
à eux-mêmes qu'ils ne fussent la seule cause
de la dernière catastrophe, puisqu'ils pouvaient la prévenir par une seule mesure de
justice et de politique. Or, j'en appèle aux
jurisconsultes les plus instruits, aux diplo-
mates les plus célèbres, et leur demande s'il
est raisonnable, s'il est juste, s'il est même
politique de profiter de la crise où l'on a mis
une nation, pour exercer des représailles que
le droit aurait autorisées l'année dernière, mais
qu'il réprouve cette année.

Si les souverains daignent m'entendre, si
leurs âmes royales se pénètrent à ma voix de
la nécessité d'être plus libérales, si leur esprit se rend à la multiplicité des preuves que je
vais administrer, j'aurai atteint mon but ; mes
vœux seront remplis, puisque les rois de l'Europe auront assuré leur gloire et la prospérité
des peuples.

Il est certain que l'an dernier les puissances
alliées ont donné un grand exemple de modé-
ration et de désintéressement. Néanmoins, en
scrutant la pensée des souverains, en s'appe-
santissant sur les véritables motifs d'une conduite aussi généreuse que rare, on croit aper-
cevoir l'idée d'un plan sagement combiné, et

dont le développement a eu lieu au congrès de Vienne. Tout ce que les puissances y ont obtenu, est une conséquence du traité de Paris ; de sorte qu'on ne peut pas aujourd'hui porter atteinte à l'un sans compromettre l'autre, dont les effets devraient cesser dès que le premier cesse d'avoir tous les siens. D'ailleurs, les monarques européens n'ont pas pu s'empêcher de reconnaître et d'avouer que les Bourbons, plus maltraités encore qu'eux-mêmes, par une secte impie et régicide, ne fussent autorisés à faire de justes reproches aux puissances qui les avaient abandonnés à la fureur d'un peuple égaré par des factieux ; de sorte qu'ils avaient à réparer, envers cette famille auguste, les torts de leurs prédécesseurs. Ainsi, ce n'est pas seulement leur justice, mais encore leur véritable intérêt, qui leur prescrivait de remettre Louis XVIII sur le trône, puisqu'ils ne pouvaient attendre que de lui la solidité et la stabilité des stipulations du congrès. Quant à la nation française, si elle avait été quelque temps coupable, elle avait bien expié ses crimes et ses erreurs par vingt années de l'asservissement le plus humiliant et le plus cruel au joug des oppresseurs les plus vils et les plus féroces. Au surplus, les puissances n'ignoraient plus qu'après les premiers ans de l'effervescence révolutionnaire , les Français n'avaient plus été que les agents passifs et malheureux, que l'instrument involontaire, d'abord de la cupidité des jacobins, et ensuite de l'ambition effrénée d'un brigand obscur, qui n'aurait jamais eu de célébrité, si les souverains avaient eu des ministres moins perfides et des généraux plus habiles ; ou plutôt si les premières coalitions avaient eu plus de cohérence, et la république moins de partisans dans les conseils des rois, dans leurs administrations et dans leurs armées. Il leur était donc bien connu que ç'avait été la léthargie politique de leurs cabinets qui avait préparé les succès des armées républicaines ; tellement, qu'instruits par de longs revers qui furent provoqués par la trahison et l'ineptie, les rois ont senti qu'ils ne pourraient arrêter le torrent des soldats levés contre eux, qu'en s'unissant et en leur oposant de plus fortes masses, et ils l'ont fait avec efficacité. Mais il n'est point échappé à leur pénétration que s'ils permettaient que leurs troupes, en France, imitassent le brigandage qu'on avait exercé chez leurs peuples, ils compromettraient la gloire qu'ils devaient recueillir d'une ligue aussi sainte, et perpétueraient le germe des ressentiments qu'ils voulaient sans doute éteindre pour obtenir une paix durable, pour cimenter des alliances sincères et une réconciliation générale, pour rétablir l'équilibre politique; enfin, pour conserver plus sûrement les indemnités qu'ils se proposaient de s'accorder mutuellement au congrès de Vienne; ce qui devenait pour eux d'une bien plus grande importance que lés contributious qu'ils auraient levées en France.

Telles sout, je pense, les bases du traité de Paris et les motifs secrets de la conduite loyale et magnanime que les puissances ont tenue. Or, pour arriver à une fin aussi désirable, il fallait d'abord faire descendre l'usurpateur d'un trône où il n'aurait jamais dû monter, et puis rendre à chacun le sien. Mais pour qu'on pût jouir en paix de l'héritage de ses pères, il ne fallait froisser aucun intérêt, ne laisser subsister aucun sujet de récrimination ni de haine nationale; enfin, établir une confraternité sincère et franche entre tous les peuples. Une pareille conception était vraiment majestueuse; elle était digne de naître d'un cerveau royal. C'était bien réellement la pierre philosophale de la politique; elle ne pouvait sortir que des fourneaux de la monarchie. Si Louis XVIII n'en a pas été le fabricateur, il en a au moins fourni les principaux éléments ; car ce sont les longs malheurs de cette auguste victime qui ont inspiré aux têtes couronnées autant d'intérêt que ses vertus leur ont commandé de considération. Bénis soient donc à jamais les souverains illustres et bienfaisants qui ont honoré la sagesse et l'infortune d'un monarque long-temps et trop long-temps oublié ; et surtout qui ont pensé et dit : *Nous voulons désormais que tout le monde soit heureux !*

Hélas ! on l'eût été sans doute, et on le serait encore, s'il eût été possible que la clémence des souverains n'eût point enchaîné leur justice ; s'il eut été possible que Louis XVIII n'eût pas voulu surpasser encore les rois en générosité, en pardonnant, comme eux, à des criminels qui, semblables au serpent qui pique le sein qui l'a réchauffé, ont proscrit leur bienfaiteur et déclaré la déchéance de la famille royale ; s'il eût été possible que les puissances, concevant, par l'expérience du passé, quelques craintes sur l'avenir, eussent mis, par un châtiment d'autant plus nécessaire qu'il était plus mérité, tous les ennemis du repos public dans l'heureuse impuissance de le troubler jamais.

Mais c'est former des regrets superflus, des vœux inutiles ; l'esprit des rois était trop plein de leurs glorieux exploits, ils venaient de remporter sur les passions humaines un triomphe trop éclatant, pour que leur cœur pût s'ouvrir au besoin de punir ; ils venaient de faire trop de bien, pour qu'ils soupçonnassent tout le mal qu'on pouvait faire, et leur imprévoyante sécurité a failli replonger l'Europe dans les horreurs d'une guerre plus terrible sncore que toutes les précédentes, qui l'avaient cependant été beaucoup.

Louis XVIII régnait paternellement sur un peuple ivre de joie et de reconnaissance ; le congrès de Vienne allait recevoir le complément de sa perfection ; tous les États de l'Europe, excepté la Saxe, venaient d'y récupérer leurs domaines et des indemnités ; enfin, on respirait en repos, et on ressentait les heureux effets du traité de Paris, lorsqu'on apprit, avec autant de surprise que de douleur, que l'antropophage européen s'était échappé de l'île où la clémence des rois avait cru enchaîner son activité malfaisante.

La première pensée du peuple, dont l'instinct n'est pas toujours aussi grossier qu'on le présume, fut que c'était une bête enragée qu'on avait lâchée avec intention, non-seulement pour dévaster le sol qui l'a nourrie, mais encore pour fournir aux alliés le prétexte apparent d'y rentrer à mains armées pour le saccager.

Sans m'arrêter à ce que l'opinion vulgaire peut avoir de vraisemblable, je remarquerai que le retour de l'usurpateur fut une bien grande calamité pour la France, n'importe à quelle cause on doive l'attribuer. Il est bien certain que ni le Roi, ni la Nation n'y ont contribué, et néanmoins ils en sont les premières victimes. Une observation, et même assez juste, se présente naturellement à l'esprit impartial et observateur, sur un événement, dont le succès devait replonger la France dans les convulsions de l'anarchie, ou la replacer sous un despotisme tout aussi terrible, tout aussi funeste : or, dans cette alternative effrayante, on pourrait, sans doute avec raison, accuser le peuple d'une insouciance très-blâmable, pour n'avoir fait aucun effort afin de repousser son tyran et de se maintenir sous l'autorité bienfaisante de son souverain légitime ; mais si, dans le conseil des Rois, on a condamné la Nation sur son apparente apathie, et sur le peu de résistance qu'elle a opposé à l'arrivée de son tyran, on a confondu la stupeur avec l'intention ; de sorte qu'il n'est pas étonnant que la vengeance des souverains ait eu une direction opposée, qu'elle ait atteint l'innocent qu'elle ne voulait sûrement pas frapper, et qu'elle ait épargné le coupable qu'elle devait punir. Mieux instruits des particularités qu'ils ignorent, parce qu'on les leur a tues, les rois reconnaîtront l'erreur et reviendront sans peine d'une résolution si affligeante pour la fidélité, si favorable à la félonie. Il est même impossible que des souverains, dont tous les pas avaient été marqués par la munificence, ne se hâtent pas de désavouer un traité si nuisible à leur véritable gloire, si contraire à leurs vrais intérêts, si contradictoire avec leurs premiers principes, dès qu'ils auront la conviction intime qu'ils ont été induits en erreur par un faux zèle, ou surpris par des suppositions faciles à détruire.

Buonaparte était débarqué avec une poignée de soldats parce qu'il avait eu l'assurance que l'armée lui était dévouée, et que ses partisans, tous gorgés de richesses, étaient disposés à les sacrifier pour le soutenir : on ne peut pas se refuser à l'évidence des faits que je vais développer, en désignant ces vrais coupables, qui, jusques là, avaient agi dans l'ombre.

Les Marseillais, les premiers instruits du débarquement de ce déloyal champion, mettent sa tête à prix, et se lèvent pour aller à sa rencontre et l'empêcher d'exécuter son coupable projet. Le maréchal Masséna, *dit-on,* en commandait quinze cents qui marchaient contre ce félon; mais soit intention, soit ignorance de la marche de son ancien camarade, il conduit sa troupe par une route opposée, et l'aventurier arrive sans obstacle à Grenoble, où il reçoit les premiers renforts qu'un traître et des parjures lui conduisent.

Certes, si l'erreur du maréchal est involontaire, on ne peut que lui reprocher de l'ineptie ; si elle a été commise à dessein, il est coupable et devient un de ceux dont la fortune doit être employée à acquitter une partie des frais de la guerre que sa faute a provoquée. Il est certain que s'il répugnait au maréchal de livrer son maître, il pouvait le reconduire dans l'île dont il s'était enfui, et recommander à ses gardiens une surveillance plus exacte. Un pareil procédé, tout répréhensible qu'il était en droit, pouvait s'excuser en morale.

Quoi qu'il en soit de cette anecdote vraie ou fausse, toujours est-il certain que l'infortuné Louis XVIII a été forcé une seconde fois de fuir, parce qu'il a été trahi par ceux-là mêmes qui avaient juré de le défendre, et qui n'ont pas craint de devenir parjures pour servir l'usurpateur.

Il serait assez difficile de se faire une idée de la légèreté avec laquelle les fonctionnaires civils et les militaires se sont déterminés à fausser leur serment. En tout temps, en tous lieux, sous quelque gouvernement qu'on se trouvât, de quelque religion même que l'on fût, le serment a toujours été sacré pour un homme probe et religieux. Il se trouvait parfois, à la vérité, des parjures ; mais ils étaient rares, et le déshonneur suivait de près leur crime, lorsque les lois ne le punissaient pas : la moindre des peines décernée contre un parjure était l'infamie ; aujourd'hui le parjure est une spéculation, on jure de s'attacher à celui duquel on espère plus d'avantage.

On venait de se lier par le serment au plus légitime comme au meilleur des souverains, parce qu'on voulait conserver sa fortune et sa place ; mais bientôt on le trahit, on l'abandonne, pour servir le plus odieux des tyrans : une pareille perversité prouve une démoralisation aussi punissable qu'elle est scandaleuse. On s'aperçoit que sous Louis XVIII il faut devenir vertueux pour n'être pas misérable ; on veut rentrer sous un gouvernement révolutionnaire parce qu'on est vicieux, et qu'il suffit de l'être pour devenir fortuné. Eh bien, puisque c'est l'amour de l'argent et des emplois qui a fait préférer le plus sanguinaire des despotes au plus tendre des pères, sans vouloir m'ériger ici en juge, la seule peine que j'infligerais aux traîtres et aux parjures, serait la perte de leur fortune et de leurs charges, et je les abandonnerais aux remords dont ils seraient déchirés, non par le souvenir de leurs crimes, mais par la privation de ce qui leur était plus cher que l'honneur et la vertu.

La défection de l'armée n'avait pas pu être l'ouvrage d'un moment ; elle avait dû être préparée de loin, et je pense qu'elle n'aurait pas été aussi générale si les deux premiers ministres de la guerre n'avaient pas pris à tâche de la désespérer : le comte Dupont, sans doute, par indolence ou par incapacité ; le maréchal Soult, avec intention ; desorte que, sans être très-rigoriste, on pourrait les considérer comme cause première de cette défection.

De quelque source que proviène notre calamité, il n'en est pas moins vrai qu'elle ne peut être attribuée ni au Roi, ni à la nation, qui en sont cependant les victimes, mais bien aux fautes commises par des hommes chargés de les servir, et par conséquent la politique doit punir les maladroits, de même que la justice sévit contre les malveillants : oui, sans doute, les agents ineptes, ceux qui, par impéritie ou négligence, occasionnent des événements désastreux, doivent payer de leur bourse les sottises d'une tête mal organisée ou les égarements d'un cœur corrompu.

Je range dans la classe de ceux qui ont coopéré à la dernière catastrophe, le gouvernement provisoire, non-seulement pour avoir laissé et mis en place des fonctionnaires incapables ou peu sûrs, mais encore pour avoir sollicité le Roi de les y maintenir.

M. de Talleyrand, surtout, est le moins excusable, parce qu'il réunit le plus de capacité à plus de talents (à ce que l'on dit, car j'en doute); mais, ce qui est plus que probable, c'est qu'il devait mieux connaître les

choses et les hommes de la révolution ; or, on
ne craint pas d'avancer qu'en donnant au Roi
des hommes peu dignes de sa confiance, et en
éloignant constamment ceux qui lui auraient
été plus utiles ainsi qu'à la patrie, M. de Talleyrand a eu la coupable intention de desservir
son maître et de satisfaire son ressentiment
particulier.

Il est notoire que M. le duc de Feltre était
le seul homme qui pût concilier au Roi l'af-
fection et le dévouement de l'armée, en la
recomposant d'abord des plus anciens de grade
et des plus capables, et en donnant aux autres,
jusqu'à ce qu'ils fussent appelés à leur tour,
une retraite aussi honorable que suffisante à
leurs besoins ; de sorte que ceux-ci, retirés
chez eux et y jouissant d'une existence aisée,
et de tous les honneurs dûs à leurs services,
auraient été d'autant plus inaccessibles à la
séduction, qu'ils auraient eu l'assurance d'être
remplacés à mesure que les emplois devien-
draient vacants. « Et comme la prévoyante
» équité de M. le duc de Feltre ne néglige
» rien, il aurait fait opérer une prompte liqui-
» dation de l'arriéré, et aurait tellement sa-
» tisfait tous les militaires, que leur fidélité
» serait devenue inébranlable ». Ainsi M. de

Talleyrand, pour avoir écarté deux fois de la confiance du Roi le seul homme qui la méritât toute entière dans la partie de la guerre ; pour n'avoir point employé toutes les ressources de son génie à assurer la gloire de son maître et le salut de sa patrie ; pour n'avoir pas efficacement défendu leurs intérêts dans les dernières conférences, où il semble avoir été payé pour les sacrifier, doit, en réparation de tant de fautes graves, et pour expier des torts dont les conséquences ont été si funestes, donner les cinq sixièmes de sa fortune pour acquitter sa quote-part de l'impôt qu'il a laissé peser sur la nation ; comme le maréchal Soult et le comte Dupont doivent payer, dans la même contribution : le premier, les onze douzièmes ; et le second, la moitié de leur fortune, en expiation de la maladresse ou de la malfaisance de leurs opérations. Quant aux autres membres du gouvernement provisoire et du gouvernement de Louis XVIII, dont les fautes, quoique graves, le sont moins que celles des autres fonctionnaires dont je viens de parler, je les invite à une expiation salutaire, en offrant au Roi et à la patrie un don proportionné à ce qu'ils possèdent, d'autant plus qu'ils ne l'ont acquis qu'aux dépens du Roi et de la patrie,

et qu'ils auraient pu prévenir le retour de
Buonaparte, en surveillant ce qui se passait
dans leur ministère ou dans leur administration, et en dénonçant à temps au Roi des ma-
nœuvres qu'ils n'ont pu ignorer que par insouciance.

Je passe maintenant aux maréchaux, généraux, et aux fonctionnaires civils du premier
et du second rang, qui, venant de prêter serment au Roi, ne se sont pas fait le plus léger
scrupule d'en prêter un autre à l'usurpateur.
Un pareil scandale est d'autant plus punissable,
que rien ne peut le justifier : car ce serait man-
quer de respect et de reconnaissance envers
Louis XVIII, que d'essayer même d'établir
quelque comparaison entre son gouvernement
extrêmement doux et celui d'un despote fu-
rieux que n'eût pu cependant faire excuser
son usurpation que par la meilleure et la plus
sage des administrations. Ainsi, les nouveaux
parjures n'ont été entraînés que par leur orgueil et leur cupidité ; on ne saurait donc les
châtier mieux qu'en les privant et de leur fortune et de leurs charges.

Une autre classe tout aussi coupable, sont
ceux qui ont composé le gouvernement de
Buonaparte : s'ils ne sont pas parjures, ils sont

au moins félons, et doivent s'estimer fort heureux, s'ils ne payent leur crime que de leur
fortune. On doit leur assimiler tous ceux qui
se sont réunis à sa voix en chambres des pairs
et des députés : Ciel! quels pairs! quels députés que ceux qui ont voté pour le plus mé-
chant des pervers, et ensuite pour le fils, lorsqu'ils se virent privés du père! pour rendre la
guerre nationale! enfin, pour que toute la
France les aidât dans leur criminelle entreprise!

Voilà les vrais et seuls coupables, puisqu'ils
sont les seuls qui ayent fait la guerre aux souverains. C'étaient donc les seuls qu'ils devaient
atteindre et frapper, non-seulement parce
qu'ils avaient préparé le retour de Buonaparte,
parce qu'ils l'avaient reconnu pour leur chef,
et qu'ils s'étaient constitués ses défenseurs,
mais encore parce que les puissances n'avaient
juré haine et vengeance qu'à l'usurpateur; qu'à
ceux qui s'armeraient pour lui ou qui le sou-
tiendraient de tous les moyens que leur fortune et leurs emplois leur fournissaient; qu'à
tous ceux enfin qui seraient surpris à servir
cette coupable révolte.

Leurs noms sont connus, mais leur nombre
est très-limité; c'est même d'après le résultat
du dépouillement des votes, qu'on peut as-

surer que la nation française exécrait tellement
et si généralement son bourreau, que, malgré
les impostures, les promesses et les menaces,
qu'il employait tour à-tour pour tromper, sé-
duire et extorquer les suffrages, il n'a pas pu
en réunir un million, sur vingt-six millions
d'habitants dont la France se compose : et encore, quels ont été ces votants? des soldats,
des employés, et tous ces hommes, trop coupables pour ne pas craindre sans cesse de
n'être pas recherchés un jour, malgré le par-
don généreux que le meilleur comme le plus
clément des monarques leur avait accordé, et
qui croyaient ne pouvoir vivre impunis que
sous l'administration monstrueuse qui avait
favorisé leur rébellion et leurs spoliations.

Voilà donc les ennemis des souverains,
qu'ils ont méprisés ; du Roi, qu'ils ont proscrit,
et de la nation, qu'ils n'ont pas pu corrompre ;
voilà ceux qui doivent payer seuls les frais de
la guerre qu'ils ont suscitée et soutenue.

M. de Talleyrand, comme principal ministre, comme spécialement chargé des affaires
étrangères, enfin comme ayant seul négocié
avec les puissances alliées, s'il eût été réellement attaché au Roi et dévoué à sa patrie,
devait, par principes et par état, prendre plus

vivement leur défense, et trouver, dans l'ex-
cellence de leur cause ainsi que dans la pro-
fondeur de son génie, des raisons solides de
convaincre les souverains que la bataille de
Waterloo ne leur donnait aucun droit d'en
mésuser envers le Roi et la nation, d'abord
parce qu'ils s'étaient déclarés les auxiliaires de
Louis XVIII, qui, ainsi que la nation, étaient
si pleins de confiance en leurs promesses et
en leur loyauté, que l'un était allé se jeter
dans leurs bras, et que l'autre leur avait tendu
les siens; que loin d'avoir étayé ou servi, en
manière quelconque, la cause de l'usurpateur,
la nation s'était levée, partiellement à la vérité, contre ses défenseurs, dans plusieurs
provinces; et que si la totalité n'avait pas pris
le même parti, ç'avait été pour ne pas déchirer
le cœur paternel du Roi, en allumant une
guerre civile dans laquelle le Français seul eût
été à la fois et bourreau et victime; ç'avait été
parce qu'elle avait appris, en même temps que
l'arrivée de son tyran à Lyon, la résolution
généreuse du congrès de Vienne, d'envoyer
un million de soldats contre deux à trois cent
mille révoltés, ce qui était plus que suffisant
pour les détruire; ç'avait été enfin par respect
pour les déclarations et les proclamations des

souverains et de leurs généraux en chef, qui avaient singulièrement recommandé au peuple de ne point s'armer. Or, deux motifs, plus puissants encore que les précédents, commandaient à la nation d'attendre les alliés sans armes : d'abord, pour qu'ils ne pussent pas lui supposer l'intention de résister, et ensuite pour leur laisser la gloire de triompher seuls, et sans le concours du peuple, de leurs ennemis communs. Il est donc bien certain que la nation était si persuadée que les souverains n'entraient en France que comme les auxiliaires du Roi, que comme les protecteurs du peuple, qu'ils ont été reçus partout en amis, en libérateurs.

Je pense qu'il eût été difficile aux souverains de résister à la solidité de pareilles observations. Néanmoins, si la cupidité et le ressentiment avaient été plus forts que le raisonnement ; si la prévention avait essayé de l'emporter sur la raison et l'équité, il restait à M. de Talleyrand une dernière tentative à éprouver, et que la politique la plus saine devait étayer, pour ramener enfin les souverains aux principes qui les avaient rendus si grands, si magnanimes l'an dernier : c'était de leur démontrer qu'aux yeux mêmes de l'Europe éclairée, leur gloire et leur bonne-

foi seraient également compromises, s'ils s'obs-
tinaient à traiter en vaincus un monarque et
une nation qui leur avaient confié leur défense , parce qu'ils s'étaient généreusement
offerts de la prendre; qui avaient remis entre
leurs mains bienfaisantes leurs plus chers intérêts, parce qu'ils avaient pris l'engagement
de les soutenir. Il y aurait donc abus de confiance et de pouvoir de la part des souverains,
s'ils persistaient dans leurs prétentions ; et l'on
ne doit pas douter un instant que, si M. de
Talleyrand leur eût fait d'énergiques remon-
trances, elles n'eussent été accueillies, surtout s'il les avait terminées en disant aux puissances : « Ce que je crains par-dessus toutes
» choses, Sires, c'est que la nation, déses-
» pérée par des conditions aussi humiliantes
» qu'onéreuses, ne se repente de n'avoir pas
» cru aux insinuations qui lui ont été faites
» p r les agents de Buonaparte, et qui ten-
» daient à la persuader que Vos Majestés
» étaient résolues de la traiter comme elles le
» font ; mais elle s'est imaginé que c'était une
» perfidie conçue pour l'engager à se liguer
» contre Vos Majestés ; sa loyauté ne lui a
» point permis de méfiance ; elle n'a pas pu
» soupçonner la vôtre, Sires, et s'y est plei-

» nement abandonnée. Ce que je crains en-
» core, c'est que cette nation si franche, si
» confiante, ne reproche à Vos Majestés, avec
» autant de raison que de vérité, de n'avoir
» pas livré, l'an dernier, le plus féroce des
» tyrans au plus cruel des supplices, qu'il
» avait depuis si long-temps appelé sur sa tête
» coupable ; ou du moins, si des considéra-
» tions particulières paraissaient militer en
» faveur d'un monstre, de ne l'avoir pas fait
» jeter dans un cul de basse-fosse : mais hélas !
» quel titre un Corse pouvait-il avoir aux
» égards déplacés que Vos Majestés ont daigné
» lui témoigner ? Né dans une famille très-
» commune, il fut élevé, par les bienfaits du
» Roi, dans l'école de Brienne, et n'était en-
» core que sous-lieutenant d'artillerie, lors-
» qu'il se fit remarquer par deux expéditions
» dont les Toulonnais et les Parisiens se sou-
» viendront long-temps : ce fut donc teint du
» sang français que ses chefs meurtriers, dis-
» cernant enfin toutes ses qualités révolution-
» naires, l'envoyèrent commander en Italie :
» il ne trompa point leur attente, et remplit
» sa mission en zélé jacobin, car il détrôna
» les rois et les princes, et les vola : devenu ,
» après son expédition d'Egypte, consul ,

» puis empereur, il suivit son instinct sangui-
» naire et destructeur, en détrônant les rois
» d'Espagne et de Suède par les trahisons les
» plus perfides ; et s'il n'a pas détrôné tout-à-fait
» l'empereur d'Autriche et le roi de Prusse,
» il leur a pris une grande partie de leurs
» provinces ; il a dépouillé les princes alle-
» mands comme les italiens, et a érigé leurs
» états en royaumes pour les donner à sa fa-
» mille ; enfin, il allait détrôner l'empereur de
» Russie, lorsqu'une coalition générale mit
» un terme à ses dévastations ; l'astuce, l'im-
» posture et la perfidie furent toujours ses
» moyens politiques, comme la cruauté et la
» spoliation étaient ses vertus morales. Il s'est
» fait un jeu de la violation d'un territoire
» neutre, pour y faire enlever de force le duc
» d'Enghien qu'il a fait assassiner. Voilà le
» digne maître que j'ai puissamment secondé
» par amour pour l'argent, et voilà le monstre
» auquel Vos Majestés ont conservé une exis-
» tence souveraine ; il a reconnu un tel bien-
» fait par une perfidie nouvelle ; pour la se-
» conde fois l'Angleterre s'en empare, ainsi
» que de ses favoris et de leurs trésors ; sans
» doute elle gardera les uns, et réservera les
» autres pour une meilleure occasion. Au

» lieu d'épuiser tous vos coups sur ce tigre
» féroce et sur tous ses partisans aussi cruels
» que lui, Sires, vous en accablez le Roi et la
» nation, que vous aviez promis de protéger,
» s'ils se confiaient en vos paroles royales. Ils
» y ont cru, et vous les en punissez ! Certes,
» on ne saurait croire que Vos Majestés ayent
» eu l'intention de leur tendre un piége pour
» les asservir plus sûrement, et, néanmoins,
» ils sont dupes de leur confiance : une telle
» pensée, Sires, n'est assurément ni dans le
» cœur, ni dans l'esprit de Vos Majestés. Je
» les supplie donc avec instance de vouloir
» bien s'appesantir sur mes très-humbles re-
» montrances, considérer qu'elles retirent
» seules tout le fruit d'un armement qui n'a
» été fait que dans leur seul intérêt, et qu'il
» est juste par conséquent qu'elles en suppor-
» tent seules les dépenses. En effet, elles
» avaient un ennemi acharné dans Buonaparte,
» elles devaient s'en défaire. Le traité de Pa-
» ris, qui n'a procuré au Roi aucune indem-
» nité pour les concessions immenses qu'il a
» faites à Vos Majestés, doit donc être main-
» tenu dans toute son intégrité, puisqu'il est
» la base de celui qui leur en a tant accordé ;

» ce qui dérange un peu l'équilibre qu'elles
» ont eu tant à cœur de rétablir ».

Il est bien présumable que si M. de Talleyrand avait tenu un pareil discours aux rois
alliés, ils en auraient senti tout le poids,
apprécié tout le mérite ; et que s'ils ne re-
vièrent point de la fatale convention qu'ils
ont signée en partant, ou s'ils n'y apportent
aucune modification, M. de Talleyrand doit
craindre qu'on ne le soupçonne d'avoir sa-
crifié la dignité du Roi et les intérêts de la
Nation au seul dieu qu'il adore et qu'il a mieux
servi que celui auquel il s'était voué dans sa
jeunesse. Il doit appréhender surtout que pour
perpétuer, et rendre plus amers les regrets
qu'il doit éprouver d'avoir fait la honte et le
malheur de la France, on ne lui fasse restituer
une fortune aussi scandaleuse que la sienne ;
une telle expiation est la seule qui puisse
faire détester non-seulement à M. de Talleyrand, mais encore à MM. Fouché, Camba-
cérès et compagnie, l'insatiable cupidité,
l'orgueil insensé qui les a rendus aussi mauvais sujets que mauvais citoyens, et constamment sourds au cri de l'honneur et de l'hu-
manité !

Le successeur de M. de Talleyrand, dont le nom seul commande la confiance, saura justifier le choix de son maître et mériter toute son estime, ainsi que la reconnaissance d'une nation dont il fait l'espoir. En s'écartant de la route tortueuse de son prédécesseur, il suivra celle de la loyauté et du dévouement, et en obtiendra plus sûrement des puissances, de fortes modifications, à une convention qui n'aurait jamais dû exister pour leur gloire et pour l'honneur français, qu'il serait sans doute dangereux de pousser à bout ; et c'est peut-être ce que l'on aurait désiré.

A coup sûr de pareilles intentions ne peuvent pas être supposées à l'empereur de Russie ; sa magnanimité seule, quand une sage politique ne le lui conseillerait pas, lui ferait une loi bien douce de vénérer les Bourbons, que de longs malheurs rendent si intéressants ; de conserver une étroite alliance avec une maison toujours amie de la sienne, et de ménager une nation, dont il doit espérer les plus puissants secours dans l'occasion.

Il ne faut pas les supposer non plus à l'empereur d'Autriche, au roi de Prusse, ni à celui des Pays-Bas ; l'esprit de ces monarques est aussi droit que leur cœur est bon ; Ils n'ont aucun motif plausible d'humilier la famille Royale la plus digne de leurs égards et de leur considération , puisque ce n'est pas elle qui les a molestés , et ils en ont beaucoup au contraire pour entretenir avec elle tous les rapports du bon voisinage , afin de mieux assurer le repos et la prospérité de leurs sujets respectifs. Ce n'était certainement pas en contrevenant sitôt au traité de Paris , que ces trois souverains devaient espérer de consolider leur alliance et les concessions importantes qu'ils ont obtenues au congrès de Vienne : donc s'ils ont signé une convention si inconvenante , ça été par de perfides conseils , par de fausses suggestions , qu'ils s'empresseront de désavouer dès qu'on leur en aura fait connaître l'illusion et les dangereuses conséquences.

On pourrait soupçonner l'Angleterre d'avoir été le principal agent d'une pareille convention , si on ne savait pas que cette puissance connaît trop bien ses vrais intérêts , pour ne pas maintenir la France dans un grand état de gloire et de splendeur, qui lui sera toujours plus avantageux que de la réduire à une médiocrité qui lui serait très-nuisible. Ce que je dis ici a l'air d'un paradoxe , en raison d'une prétendue haine nationale existante entre les deux peuples depuis des siécles; mais en développant mon assertion, on sera convaincu de sa justesse.

La Nation française est sans contredit celle qui a le moins d'esprit national, comme le plus de goût pour la nouveauté : sa richesse se prête aisément à la facilité de satisfaire sa frivolité, et par conséquent c'est elle qui consomme le plus de marchandises anglaises : il serait donc impolitique aux Anglais de ne pas contribuer à la puissance et à la prospérité d'une monarchie dont l'affaiblissement entraînerait nécessairement la décadence de l'Angleterre ; car je compare ces deux royaumes à Rome et à Carthage, et c'est sous ce rapport qu'on peut à bon droit reprocher à M. Pitt d'avoir suscité la révolution, ou du moins de ne l'avoir pas terminée en 1793. Ce ministre célèbre avait hérité de son père la haine qu'il portait aux Français, et qu'il poussa si loin, qu'il mourut d'un accès de colère qu'il eut à l'occasion de la paix de 1763, qu'il ne voulait pas encore faire, parce qu'il trouvait que la marine française n'était point encore assez humiliée.

Son digne fils, en trois occasions assez rapprochées , a prouvé que son intention n'était pas seulement de détruire la marine , mais encore la monarchie française , qu'il aurait pu sauver s'il eût jeté dans la Vendée les princes français avec une armée de trente à quarante mille hommes et avec beaucoup d'argent et de munitions ; s'il en eût débarqué douze mille à Quiberon , au lieu de douze cents ; enfin , s'il eût fait effectuer trois mois plus tôt le débarquement du Helder. Mais il a entretenu la guerre de la Vendée avec de si petits moyens, qu'il était impossible que le parti royaliste triomphât, de sorte que le Français y périssait massacré par le Français. De même, il attendit que le maréchal de Clairfayt eût conclu une suspension sur le Rhin , pour descendre au Helder ; de sorte que toute l'armée se précipita en Hollande , pour y faire prisonnières de guerre les troupes qui venaient d'y débarquer.

Tous les Anglais du parti de M. Pitt se trompent aussi grossièrement que les sénateurs romains qui ont voté la ruine de Carthage : Scipion le jeune fut le seul qui s'y opposa, en alléguant que c'était provoquer la décadence de Rome, que de détruire Carthage ; et l'expérience a prouvé que Caton, le plus sage des Romains, en fut le plus malavisé, et que Scipion, qui en était le moins expérimenté, en fut le plus raisonnable.

Puisse cet exemple faire concevoir aux Anglais que la France seule peut entretenir leur émulation, et que, du moment où elle cessera d'être pour eux une rivale dangereuse, ils s'achemineront vers une décadence sensible, en s'endormant dans une perfide sécurité !

L'Angleterre est bien plus riche en produits de son industrie, qu'en denrées de son sol ; elle est donc essentiellement commerçante : la France, au contraire, est bien plus abondante en productions territoriales, qui sont la seule richesse effective ; et, par conséquent, elle est celle qui fait une plus grande consommation de marchandises anglaises, parce que, trop riche pour s'asservir au calcul de l'économie, trop magnifique pour n'être pas généreux, le Français ne réfléchit point au tort qu'il peut faire à ses propres manufactures, pourvu qu'il satisfasse ses fantaisies.

Je suis bien persuadé que le duc de Wellington et le lord Castelreagh ne sont point au-dessous de leur haute renommée ; je pense même que leur mérite est infiniment supérieur à celui qu'on leur prête ; néanmoins, j'aurais bien desiré qu'ils eussent des Français la même opinion qu'en avait milord Auckland : sans doute ils les auraient traités avec plus de ménagement.

Voici ce que le noble lord a dit dans son discours au parlement, le 8 janvier 1799.

« Je desire, une bonne fois pour toutes, qu'on
» n'entende pas que je parle ici des Français
» tels que je les ai connus il y a douze ans, ni
» des Français tels que j'espère les revoir un
» jour : nation composée d'une noblesse brave
» et généreuse, et d'un peuple ingénieux,
» aimable et bon. »

Cet éloge n'est assurément pas suspect dans la bouche d'un Anglais ; et l'on doit présumer que si le duc de Wellington et lord Castelreagh avaient aussi bien connu la nation française, que milord Auckland, ils n'auraient jamais pu se décider à lui faire des conditions aussi contraires au droit des gens qu'aux égards dûs à un peuple redevenu tel que le noble lord l'avait prévu.

Il faut espérer que M. le duc de Richelieu les ramènera, comme les autres ministres, au véritable point d'où ils auraient dû tous partir pour traiter convenablement, dans l'occurrence actuelle surtout, et qu'il leur fera naître le désir de négocier, au nom de leurs souverains respectifs, comme le marquis d'Avaux négocia au congrès d'Aix-la-Chapelle au nom de Louis XV.

« Messieurs, leur dit cet ambassadeur, le » souverain mon maître m'envoie ici pour » faire la paix en roi, et non pas en marchand; » en conséquence, je déclare renoncer à » toutes conquêtes, sans nulle indemnité quel- » conque pour le Roi, etc. »

La réponse que Frédéric-le-Grand fit à l'ambassadeur anglais, que Marie-Thérèse lui avait envoyé pour lui proposer une paix inconvenante, mérite de trouver place ici, parce qu'elle prouve l'attention du roi de Prusse à repousser tout ce qui pouvait compromettre, d'un côté, et offenser, de l'autre, la dignité royale ; et que l'argent ne peut être une compensation équitable qu'entre des états marchands, et non pas entre des souverains du premier ni du second ordre.

Frédéric II avait des droits sur la Silésie, et l'*ultima ratio regum* allait en décider, lorsque Marie-Thérèse lui envoya Robinson, pour lui proposer un million d'écus et quelques enclavements pour y renoncer. Le roi, indigné de pareilles offres, répond à cet ambassadeur, avec autant de dignité que de raison :

« Que diraient mes aïeux, si j'acceptais les
» propositions que vous me faites ? ils sorti-
» raient de leurs tombeaux pour me reprocher
» de n'être qu'un vil marchand qui vend l'hé-
» ritage que j'ai reçu d'eux, et qui préfère
» l'or à l'honneur qu'ils m'ont transmis. Ah !
» j'aime mieux m'ensevelir sous les ruines de
» mon trône, que de m'attirer un pareil re-
» proche ».

Si M. le duc de Richelieu, en prenant le portefeuille des affaires étrangères, prévenait les hauts alliés que Louis XVIII ne peut pas se résoudre à remplir la convention, et qu'il préfère s'ensevelir sous les débris du trône de Henri IV, qu'on semble ne lui avoir rendu un moment que pour le lui ôter ensuite, que diraient les souverains ? reviendraient-ils récla-mer l'accomplissement des conditions qu'ils n'auraient pas dû faire ? Non, sans doute ; ils ne se résoudraient pas à massacrer vingt-cinq millions d'habitants qui sont tout prêts à se dévouer pour un souverain qu'ils aiment mieux que la vie ; ils traiteraient sur un pied plus convenable encore à la gloire qu'aux intérêts de tous.

Je le répète, espérons donc et attendons avec confiance tout ce qu'il est possible d'attendre d'un ministre auquel son nom impose de grandes obligations : il vient au ministère dans les mêmes circonstances où son grand-oncle y fut appelé. Des ligueurs, que la clémence de Henri IV avait enhardis au lieu de les corriger, faisaient une guerre sourde à l'autorité royale qu'ils voulaient saper, afin d'établir la leur ; mais le cardinal, de la plus glorieuse mémoire, en habile médecin politique, leur appliqua le seul spécifique qui pouvait guérir un tel mal, et le royaume devint paisible et florissant. Après de trop longues convulsions, provoquées et entretenues par des ligueurs d'une nouvelle espèce, et plus dangereuse encore, Louis XVIII remonta sur le même trône ; la même clémence produisit les mêmes effets : les nouveaux ligueurs sont aussi incorrigibles que les anciens.

Il faut donc que le neveu use de la recette de l'oncle, pour en obtenir le même résultat ; il faut que tous les ministres, réunis de cœur et d'intention, et guidés par le même esprit, se prêtent un appui mutuel ; alors ce sera de ce foyer de lumières, de dévoûment, de loyauté et de zèle, qu'on verra sortir des lois et des ordonnances que les deux chambres se hâteront d'adopter à l'unanimité ; car cela est essentiel pour l'édification du monde, et surtout pour raffermir un trône dont elles sont le soutien ; pour restaurer les finances et remplir le trésor, dont elles doivent multiplier les ressources ; pour assurer la félicité publique dont elles sont garantes.

Français de toute condition, de tout rang, de tout âge, montrez à l'Europe étonnée l'inconcevable changement que la dernière catastrophe et ses résultats ont opéré en vous ! Eclairés par les dangers que vous avez courus, instruits par de longues calamités, et surtout par le malheur dont on voudrait vous accabler encore, soyez une nouvelle preuve d'un ancien adage, que *la force réside dans l'union !* Ne formez plus qu'une seule et même famille, dont tous les membres, aimants et réunis d'âme et de volonté, se dévouent à jamais pour le chef auguste qui la gouverna en véritable père ! Si votre monarque magnanime est l'exemple des rois, devenez pour tous les peuples un modèle de fidélité et d'attachement !

Des Français malveillants, vos ennemis et

ceux de votre maître bienfaisant, ont sûrement compté sur vos dissensions, qu'ils voudraient éterniser, pour suggérer le traitement
que vous venez d'éprouver. Convainquez les
souverains, en les honorant, qu'on vous a ca-
lomniés ! rattachez-vous plus que jamais au
trône et à l'autel qu'on cherche à renverser,
et que vous devez défendre de vos vies et de
vos fortunes ; attendez en paix, de l'équité
des rois qu'on a trompés, la justice qu'ils vous
rendront sans doute ; étouffez dans vos cœurs
jusqu'au moindre germe de ressentiment. Trop
grands pour être jaloux, trop magnanimes
pour être haineux, mettez-vous en mesure
de faire respecter le traité de Paris, et je
vous jure qu'il ne sera point enfreint. Ne sor-
tez jamais de vos limites que pour repousser
une agression injuste ; elles ont suffi à la gloire
de vos pères, elles suffiront à la vôtre. Gar-
dez-vous de regretter des conquêtes qui ont
pu flatter votre vanité, mais qui ont nui à
votre bonheur et troublé votre tranquillité,
puisqu'on ne les a obtenues qu'en prodiguant
votre sang, qu'en désolant vos familles ; puisqu'enfin on voudrait vous les faire payer au
poids de votre or. Dans vos jours de triomphe, vos chefs ont enlevé, sans droit ni raison,

tous les objets dont on avait paré vos musées : l'abus de la force les leur avait procurés ; leurs propriétaires ont usé du même moyen pour les reprendre. Vous devez d'autant moins vous en plaindre, que c'est vous qui en avez donné l'exemple. N'ayez donc plus d'autre ambition que celle de cultiver en paix vos champs fertiles, que de rivaliser d'industrie et d'activité avec vos voisins, que d'être les sujets les plus affectionnés et les plus fidèles, les meilleurs citoyens, enfin de véritables Français.

POST-SCRIPTUM.

Je finissais ce plaidoyer lorsque l'on proposa aux deux chambres des mesures de sûreté générale. Les discussions qui se sont élevées sur cet objet important, n'auraient pas dû exister. Sur la proposition du ministre, il fallait s'écrier de tous les points de la salle : ADOPTÉ !

Lorsque l'existence même d'un gouvernement est compromise, toute délibération sur les moyens de le conserver est une faute grave. Ici il ne fallait pat seulement adopter les lois les plus sévères, mais encore leur mise en action la plus prompte ; car il eût été possible que le gouvernement eût été renversé pendant le temps qu'on perdait à s'accorder sur les moyens de le sauver.

Dans tout autre cas que celui de révolution, je serais d'avis d'user de clémence et d'adoucir la rigueur des supplices. Mais, d'a près l'expérience qu'on vient d'acquérir de la multiplicité des crimes, de l'incorrigibilité des criminels, de leur endurcissement dans la révolte, des horreurs et des désastres commis dans l'intérêt seul de ceux qui s'en rendent coupables ; enfin, d'un bouleversement aussi général, aussi funeste à vingt-cinq millions d'habitants, pour ne profiter qu'à un million, il faudrait inventer des supplices nouveaux, au lieu de vouloir adoucir ceux qu'on a établis pour ces sortes de criminels.

Louis XVIII, en imitant la clémence de Henri IV, s'expose au même sort ; et l'on peut présumer que, sans le cardinal de Richelieu, sa dynastie ne régnerait peut-être plus. Si Louis XVI avait, à coups de canon, enseveli la constituante sous les débris du jeu de paume, il existerait encore, et l'histoire n'aurait pas à rappeler vingt-cinq ans de crimes et d'atrocités.

Tout député qui ne se convaincra pas de l'importance de ses devoirs ; qui, par faiblesse ou par ineptie, ne cherchera pas à sauver la France du danger qui la menace, ne doit pas rester à son poste.

Deux moyens peuvent éviter de nouveaux malheurs : d'abord la punition la plus sévère

et la plus prompte de tous ceux qui se rendront coupables du moindre délit contre la
tranquillité et la sûreté publiques.

Ensuite, l'établissement d'une commission
semblable à celle qui fut créée par l'ordon-
nance de mars 1716. Cette commission fut
chargée d'examiner toutes les fortunes scan-
daleusement accrues depuis 1689, et de con-
damner leurs possesseurs à en payer une partie
plus ou moins considérable, pour venir au
secours de l'Etat.

La nouvelle commission serait précisément
centenaire de l'ancienne, attendu que, formée
en 1815, elle pourrait faire remonter ses re-
cherches à 1789, époque de la révolution,
qui a procuré des fortunes aussi rapides, mais
encore plus scandaleuses que celles faites de
1689 à 1716.

FIN.

I

www.ingramcontent.com/pod-product-compliance
Lightning Source LLC
Chambersburg PA
CBHW061315050726
47594CB00004B/1719